Mi Little Golden Book sobre
Rita Moreno

por Maria Correa
ilustrado por Maine Diaz

A GOLDEN BOOK • NEW YORK

Text copyright © 2023 by Maria Correa
Translation copyright © 2023 by Penguin Random House LLC
Cover art and interior illustrations copyright © 2023 by Maine Diaz
All rights reserved. Published in the United States by Golden Books, an imprint of Random House Children's Books, a division of Penguin Random House LLC, 1745 Broadway, New York, NY 10019. Golden Books, A Golden Book, A Little Golden Book, the G colophon, and the distinctive gold spine are registered trademarks of Penguin Random House LLC.
rhcbooks.com
Educators and librarians, for a variety of teaching tools, visit us at RHTeachersLibrarians.com
Library of Congress Control Number: 2022949671
ISBN 978-0-593-70433-2 (trade) — ISBN 978-0-593-70434-9 (ebook)
Printed in the United States of America
10 9 8 7 6 5 4 3 2 1

Rosa Dolores Alverío nació el 11 de diciembre de 1931, en la isla de Puerto Rico. Mejor conocida como Rosita, creció en Juncos, un pueblo pequeño cerca de un magnífico bosque tropical llamado El Yunque. Allí vivía en una casa rosada con su madre, Rosa María, su padre, Paco, y su hermano menor, Francisco.

Rosita amaba a Puerto Rico. Le encantaban sus flores multicolores, la dulzura de sus frutas y el sonoro canto de los coquíes. Ella se divertía corriendo descalza y chapoteando en los arroyuelos mientras su madre lavaba ropa y compartía historias con las otras mujeres de Juncos.

Cuando Rosita tenía cinco años, su madre decidió irse de Puerto Rico. Entonces, abordaron un barco que las llevaría lejos del hogar que siempre conocieron para comenzar una nueva vida en la ciudad de Nueva York.

Al ver por primera vez the Estatua de la Libertad, Rosita pensó que su antorcha parecía un gigantesco cono de helado.

Al principio, a Rosita no le gustó Nueva York. Extrañaba su vida en la isla. Pero las cosas mejoraron cuando empezó a tomar clases de baile español. Su maestro, Paco Cansino, era el tío e instructor de la famosa actriz Rita Hayworth.

Tras cumplir los trece años, Rosita debutó en Broadway en una obra llamada *Skydrift*. Le fascinó tanto que, al cumplir los dieciséis, abandonó la escuela para dedicarse a la actuación. Su madre la llevó al afamado hotel Waldorf Astoria para conocer al director de MGM Studios. Él contrató a Rosita y ambas se mudaron a California para vivir cerca de los estudios donde se hacían las películas.

Su primer papel cinematográfico fue en la película *So Young, So Bad,* en el que interpretó a una adolescente rebelde. Ésta fue su única aparición como Rosita. Desde entonces, fue conocida como Rita Moreno.

A pesar de su talento, Rita fue en sus comienzos encasillada o relegada a papeles similares, debido a su apariencia. Estos personajes de diversas culturas, no siempre bien definidas, impedían a Rita demostrar su verdadero potencial.

Luego, en 1952, Rita tuvo la emocionante oportunidad de participar en el musical *Singin' in the Rain*, en el que interpretó a la glamorosa estrella de cine Zelda Zanders. La película se convirtió en uno de los musicales de Hollywood más famosos de todos los tiempos.

Sin embargo, su mayor reto profesional llegó en 1961, con el papel de Anita en una adaptación cinematográfica del musical de Broadway, *West Side Story*. Anita era una residente puertorriqueña en Nueva York. Abierta y llena de vida, Rita sintió que Anita era el personaje para el cual había nacido.

Practicó día y noche para aprender las complicadas coreografías. Su arduo trabajo sería pronto recompensado.

Rita ganó un Oscar, un premio otorgado a la excelencia en el cine, en reconocimiento a su excelente representación de Anita en *West Side Story*. Como no esperaba ganar, no había preparado ningún discurso. Lo único que se le ocurrió decir fue, «¡No puedo creerlo!».

Ese día, Rita se convirtió en la primera mujer latina en ganar un Oscar. La gente de su antiguo vecindario en Nueva York estaba emocionada al ver en el escenario a alguien de Puerto Rico. Abrieron sus ventanas y gritaron: «¡Ganó! ¡Ella ganó!».

Sorpresivamente, tras el éxito de *West Side Story,* Rita continuó recibiendo ofertas para representar papeles secundarios. Ella los rechazó y decidió tomarse un descanso de la actuación. En cambio, dedicó su tiempo a la lucha por las causas sociales en las que creía, como la igualdad de derechos para las mujeres y los americanos negros.

En 1963, Rita asistió a la Marcha en Washington e hizo parte de la multitud que se congregó en el Lincoln Memorial cuando el reverendo Martin Luther King Jr. pronunció su icónico discurso «I Have a Dream». («Tengo un sueño»).

Fue en esta época que Rita se enamoró de un doctor llamado Leonard Gordon. Ella se casó con Lenny en 1965, y dos años después, tuvieron una hija, Fernanda.

Éstos fueron tiempos muy felices para Rita. Durante la década de los setenta ella protagonizó la serie de televisión *The Electric Company,* un divertido programa educativo para niños. El personaje representado por Rita se hizo muy popular por su grito del eslogan:

Hey, you guys!

En 1977, Rita se convirtió en la primera latina y la tercera persona en la historia en obtener los cuatro mayores premios de la industria del entretenimiento: un Emmy, un Grammy, un Oscar y un Tony.

Ganó el Emmy por su actuación en *The Muppet Show*; el Grammy, por el álbum de *The Electric Company* (canciones interpretadas por Rita y el resto del elenco que hizo parte del show); el Oscar por *West Side Sory,* y el Tony por su participación en la obra de Broadway *The Ritz.*

Rita continuó actuando en una variedad de programas de televisión para niños y adultos. En 1995, a la edad de sesenta y cuatro años, recibió una estrella en el Hollywood Walk of Fame.

En 2021, el director Steven Spielberg invitó a Rita a producir y actuar en una nueva versión de *West Side Story.* Esta vez, con ochenta y nueve años, Rita representó a una tendera llamada Valentina. A su vez, se convirtió en la mentora de Ariana DeBose, la actriz que tomó su papel original de Anita. En 2022, sesenta años después de Rita haber ganado su Oscar, ¡Ariana obtuvo el suyo por su representación del mismo personaje!

Rita Moreno ha vivido el sueño americano. Su dedicación y éxito rompieron barreras en Hollywood, abriendo puertas para futuras generaciones de mujeres latinas en busca del estrellato.

¡Gracias, Rita!